AF189377

Bibliografische Information der
Deutschen Nationalbibliothek:
Die Deutsche Nationalbibliothek verzeichnet diese
Publikation in der Deutschen Nationalbibliografie;
detaillierte bibliografische Daten sind im Internet über
dnb.dnb.de abrufbar.

Herstellung und Verlag:
BoD – Books on Demand, Norderstedt

ISBN: 978-3-7519-5376-4

michael hirle
sonnenfelder

30 gedichte von der stille
und vom tanzen
2020-2018

gewidmet dem Höchsten,
jenen die suchen und lieben,
finden und leiden,
der liebe,
claudia

torloses tor - tritt ein!

verwunschen, die orte die nicht wiederkehren,
ein moment des lichts,
gebunden an schatten die von der nacht erzählen,
wie fasse ich dies geheimnis, an das ich gebunden wurde,
von dem ich als träger auserkoren, diese welt erkunde,
welche mir stets einen schritt voraus,
damit ich mich nicht zu weit von ihr entferne,
und nicht jedes sehnen eine träne wird,
an der ich mich verzehre.

das ewige wir, betrachtend durch zwei spiegel,
eine tür die sich niemals schließt,
auch wenn ich ihren atemzug vernehme,
in einem haus, das keinen raum sein eigen nennt,
und diese tür mit der liebe versiegelt und jene edelt,
die es brechen und den schatz an sich ziehen,
als wärs ihr eigener,
und niemand nennt sie diebe,
wenn sie zurückkehren und den schatz verleben.

krähen wiegen sich im wind,
ihr geheimnis liegt im schweben,
wellen greifen nie zurück,
ihr geheimnis liegt im steten wellen-weben,
und wir blicken in uns, durch uns, spiegelwärts,
in ein lächeln hinein,
das diesen moment, als seinen ewigen wählt,
und uns im herzen hält,
als wäre es sein eigenes...und es wird geheimnis,
weil es sich einen tauben als hörer wählt
und ihm von der wahrheit erzählt.

1. wo jede sprosse ist gefüllt mit gesang

auf dem aste eine feder,
kein nest in der nähe,
am morgen noch war dort gesang,
nun herrscht auf jeder sprosse stille leere.
ein weicher hauch,
gewoben aus feinstem garn,
schiebt die feder von ihrem platz,
die sonne scheint in hellster flamm',
in wirbeln, als sei sie auf dem meere,
tanzt sie in lichte höhe,
und wird für einen augenblicke eins,
mit dem hellsten punkte der dort oben wurd' geboren,
und dem hellsten punkte ihres kleides,
das in grober schale angezogen
und im angesicht der erd' wird schwerelos.
einen moment der welt enthoben,
schlag auch ich mit meinem seelenflügel,
und wähn' mich an einem orte,
wo jede sprosse ist gefüllt mit gesang.

2. meines ozeans stillstes ufer

meines ozeanes stillstes ufer,
kein segel reicht bis dorthin,
der atem des windes sieht es nur aus der ferne,
jeder wellengang verliert sich in einer letzten welle,
deren fingerspitzen nur bis zu einer ahnung reichen,
nur mein herzschlag, der um Deinen weiss,
sich von Deinem trommelschlag zum ruderschlage speist,
reicht bis an den steg, der aus sonnenlicht gewoben,
bis ins landesinnerste weist.
weisser sand, der das blau des horizonts berührt,
weit und zugleich nah,
in den sand schreibe ich unsere namen,
nicht neu, nachgezeichnet,
vom alten sand befreit,
weil sie dort schon ewig standen.

3. sehnsuchtsspitzen

an deiner seite,
der duft von weite,
kein auge, trägt sie bis ans end,
nur das herz reicht mit seiner sehnsuchtsspitze,
an ein ufer wo der stern,
an seinem unsichtbaren faden hängt.
wie still es wird,
wenn ich an deinem herzen lehne,
alle musik stimmt dort mit ein
und mein herz singt sie weiter,
auch wenn sich mein ohr von deiner muschel entfernt,
die den ozean in sich trägt.
so ists der lieb',
geheimnisvollstes tun,
wenn sie wirkt,
wird's größte, friedvollste ruh.

4. weltenwandel

auf die segel schrieb ich liebe,
wie sonst soll ichs benennen,
wenn ozeane ineinandergreifen,
und in ihrer mitte feuer brennen,
an den ufern nur ein leises rauschen,
ich nehme dich, ich gebe ich,
an land getragen weißer schaum,
der mit einem knistern in den warmen boden sinkt.

auf die steine schrieb ich liebe,
wie sonst soll ichs benennen,
wenn berge sich erheben,
und der sehnsucht ihre seufzer weben.
an den rändern nur ein leises rauschen,
ich halte dich, ich lasse dich,
an den wäldern zieht durch strauch und baume,
der wind der durch sehnsuchtswelten strich.

auf meine lippen schrieb ich liebe,
wie sonst soll ichs benennen,
wenn mein herz zu deinem fließt
und worte im kusse wie stroh verbrennen.
in unserer brust nur ein leises rauschen,
herz erhebt sich, herz ergibt sich,
in unserer mitte doch dies ewig staunen,
wenn die blüte sich der frucht ergibt.

5. stille wanderer

meine lippen, stille wanderer,
sie tun es meinem herzen gleich,
erkunden wort und steg,
bis die quelle überreich.
über sonnengekämmte felder,
tau ruht noch in ihren nestern,
vorbei an rauschenden bächen,
der himmel unruhig spiegel,
hügel die sich der sonne nahen,
doch den herzschlag der sie speist, niemals sahen.
die letzte brück', sie ist die schönste,
alles ließ ich zurück, denn sie ist die schmalste,
und wenn sich dann das tor mir öffnet,
ist das wandern nur mehr ahnen,
und alles verliert sich in dem einen, vorgewärmten atem,
der sich von unseren herzenswänden stößt.

6. in Deinem haar fängt sich ewiges

in Deinem haar fängt sich ewiges,
abgestreift aller spiegelsinn,
Dein name lauert,
wo es keine worte gibt.

Dein licht bleibt unberührt,
auch wenn sich aller sinn darauf stürzt.
seht, wie es die welten kämmt,
und zu einem zopfe flicht.

in Deinem haar fängt sich ewiges,
eine strähne nur, schenke mir,
ein hauch nur, umfasst dies weiche tor,
dünnes seil, ich folge dir.

7. verstummt/wiedersehen

am abend über einen schatz geneigt,
golden glänzt er im kerzenschein,
dem tage abgerungen,
auf dem tische ausgebreitet,
zwischen holz und meiner hand,
ein leinentuch,
von fern ein lerchenruf,
alles ist auf nacht gestimmt.
an der kirchenuhr ists nicht abzulesen,
mit geschlossenem aug an mich gelehnt,
glaubt ich, es wäre erst später morgen,
ein buch beschwert der gedanken letzte sorgen,
sie wollen nicht bis zum ende wehen,

kein stern wird diese nacht vor mir ins bette gehen,
abgezählt wohl auch meine schritte,
die letzten tragen mich an meiner kammer weichste stell'
in der nähe meines tisches,
der trübe glanz meines schatzes,
winkt zu mir hinüber,
die kerzenflamm' wandert in ein zartblaues glühen,
ehe der schatz mit der flamm' verstummt.

auf mein kissen gelegt, ein unbezähmbarer traum,
mit einem tiefen atemzug schiebe ich ihn,
in einen noch dunkleren raum,
wo ein schatz alles gold hat überwunden,
kein tuch zwischen ihm und meiner seel',
von fern ein posaunenspiel,
alles ist auf nacht gestimmt,
an meinen jahren ists nicht abzulesen,
mit geschlossenem aug' an mein herz gelehnt,
glaubt ich, es wär erst früher morgen,

eine hand beschwert meine stirn,
ein letzter kuss,
kein stern wird vor mir aus dieser nacht erstehen,
abgezählt die wege meines lebenssaftes,
die letzten trugen mich in meine kammer stillste stell'.
der warme glanz eines schatzes,
winkt zu mir hinüber,
meine herzensflamm' wandert in ein zartblaues glühen,
ehe sie in einem seufzer verstummt,
und wir uns in einem traume der noch nicht geträumt,
wiedersehen.

8. letzter wunsch

sonnenfenster,
vorhang weht,
flügel schlagen,
jeder blick davongetragen.

mein hauch wird wind,
mein wesen wieder kind,
alle seiten vollgeschrieben,
letzter wunsch, wirst mit mir fliegen.

für meine großmutter 1931-2018

9. spaziergang

der wind auf der bäume wipfel,
wie auf einem wilden pferde sitzend,
wiegt sich mit freier hand,
nur die schenkel an ast und rind' gespannt,
ein wechselnd tanz,
zwischen könig und untertan,
wer ists und wer ists wann,
ein weiser, ders unterscheiden kann.
sahst du ihn jemals an der heimat leiden,
die er verließ,
um durch unser land zu streifen?
ich sah ihn sets seine lieder durch viele münder pfeifen.
von unten ists ein rauschen,
wie ein ferner fluss, der sich von seinem bette stößt,
stein und geäst aus ihrem gehäuse löst,
und auf reisen schickt,
die auch er getan.
meine schritte werden schneller,
ich richte meinen mantel,
der wie von geisterhand über meine knie tanzt,
geradeso, als kenne er die melodie,
die dort oben wird gespielt,
und meine schritte verlieren sich im abschiedsgrusse,
und da ist plötzlich dieses lied,
das über meine lippen streicht,
und ich lasse den wilden reiter mit meinen haaren spielen,
während ich mit ihm singe
und er seine hände um meine hüften legt,
und mich zurück zu sich ins wäldchen zieht,
wo sich die kronen vieler könige berühen,
ohne dabei einen krieg zu führen,
und ich lehne mich an einer birke zarte wange,
vertrauter fremder, nimm meine hand,
wie vertraut ist mir dein gesang,
der oben, wie unten,
die welt umarmt.

10. sonnenfelder

in deiner nähe,
sonnenfelder,
wärme die mich durchdringt,
wortlos berührt,
meine wolken verdünnt,
bis ein lächeln bleibt.
ich schreibe ohne tinte,
weisse zeilen auf weisses papier,
1000 blatt am tage,
und doch liegt im schweigen
alles was ich sage,
durchdrungen von der stille grellste farbe,
wird da ein gedanke zum gefühl,
dem worte enthoben,
der zeit und dem raume,
ein geschenk bist du,
ich versuche zu begreifen...und ich staune,
dass es mir nicht gelingt,
dich zu fassen,
wie ein licht, das durch mein fenster fällt,
und die lieb' erhellt,
wie weit sie ist,
wie tief...
jetzt erst vermag ich von ihr zu schreiben,
ein erstes wort,
auf einem neuen blatt papier,
es trägt deinen namen,
und den meinen,
wir.

11. herzgesänge

„abend" schreibt sich auf jeden stein,
schatten lösen sich wie tränen,
werden eins mit dem was sie befüllen,
nacht! schreib auf jene zeit,
die sich wie schnee unter ihren flügeln türmt.

„morgen" schreibt sich auf jeden halm,
aus lichtergärten treibt man ihn wie herden,
ein glitzern wird's, wie durch gläsern perlen,
wenn der begehrte sich vermählt
und eins wird mit dem was ihn begehrt.

auf jedem atemzug dein name,
geschrieben mit schmalster feder,
wenn durchs schmale tor er ins herz mir strömt,
gibt er sich mir zu erkennen.
hör, ein summen ists was aus der brust mir tönt,
ein chorgesang auf liebgewärmten lippen,
und ich lausch an deiner herzensmuschel,
einen ozean hör ich dasselbe lied mir singen.

12. kein wind ist bleiben...

kein wind ist bleiben...
welche wolke zeichnet Dein gesicht?
lass mich in den blauen flüssen treiben
Dich suchen in wolkenweisser gischt.

kein fluss ist bleiben...
welcher stein zeichnet Dein gesicht?
lass mich in seine mitte träumen,
Dich suchen in seinen kristallhellen räumen.

kein feuer ist bleiben...
welcher funke zeichnet Dein gesicht?
lass mich aus seinen augen lesen,
Dich suchen auf eng verschlungenen wegen.

kein stern ist bleiben...
welcher himmel zeichnet Dein gesicht?
lass mich durch sternenwüsten wandern,
Dich suchen auf pfaden göttlichen lichts,
bis ein erster boden halt verspricht.

Dein herz ist bleiben,
es zeichnet mein gesicht.
lass mich in Deine mitte schreiben,
lass uns werden...dies wortlose gedicht.

13. mondnacht

schale wirst zur feder,
zurückgeführt ins leben,
wärme durchdringt kalkweisse wände,
mit dem munde eingerissen,
ein erstes wort erkundet die feuchten ränder.

mond wirst zur schale,
die nacht füllt sie bis zu den sternenenden,
ein kleiner rest tropft zurück auf die erde,
wird dem wunsche nah, fern zu sein,
doch das auge reicht nicht weiter,
als bis ins tiefe herz hinein.

14. widmung (für peter michael hamel)

der morgen vergilbt im sonnenlicht,
dein name scheint durch dünnes papier,
ich schreibe mich zu dir bis der zarte schleier reisst,
der dies ewige geheimnis hütet,
und mein sehnsuchtsfeuer speist.

was dahinter liegt verborgen,
führt mit selber hand, den selben stift,
spitze an spitze schreiben wir am selben wort,
schreiben uns hindurch von raum zu raum,
bis es heller wird und uns kein schatten mehr folgt.

der abend verglüht..er wählte sich die nacht,
machte sie zu seinem zeugen,
der schleier wurd genäht, tröstet uns mit süßen träumen,
wieder eine nacht von dir entfernt,
über uns ruht ein neuer morgen.

15. windsteinvogel

am boden saß ich,
war noch stein,
aus wüstensand geboren,
aus windesmund geformt,
federleicht.

kamele traten mich,
schlangen trugen mich,
immer tiefer in Dich hinein.
auch der wind schliff seinen
namen in mich ein.

einer bin ich und doch viele,
benannt und namenlos,
ich warte auf das dunkle boot,
welches durch das innen in das außen dringt.

dunkle hand hobst mich empor,
ein staubkorn nur, Deine fingerspitze ist mein thron,
lässt mich gleiten in die blaue welt,
ein stein gehüllt in teures federkleid.

16. alle worte werden hauch

windstill treibt es mich über deinen ozean,
wolkentempel begleiten mich,
schmales licht zeichnet hoffnung,
lichtersäulen neben schattensäulen,
geist neben sein,
namenlos ihr lächeln,
formlos ihre hand,
lichtertau in mein herz gelassen...
ich steige über mich, in dich...
wir atmen uns frei.
lichtersäulen und schattensäulen werden eins.
alle enden... lichterreich.
dem ozean ein lächeln geschenkt...
unsere flammen in sein feuer gesenkt.
funken tanzen auf seiner haut,
der himmel weitet sein sternenblaues aug...
alle tränen werden tau.
alle worte werden... hauch...

17. wintergeflüster

regungsloser taumel
stille, bist der tiefe dünnes eis.
eingebrochen, zweigebrochen...
friedensgeläut.
weiches wesen ziehst deine bahnen.
weiße blüten füllen deinen garten.
taggeworden, nachtgeworden, traumgeworden.
im traume gibt's kein warten.
mit liebe überzogen kehre ich zurück.
nicht der durst, der rausch ist des liebenden großes glück.
mit stille überzogen,
einer lärmenden welt entrückt.

18. allen gipfeln gleich

Du befreist mich aus aller zeiten fesseln,
kein heroisch wort...ein lächeln,
es öffnet zart, was verschlossen war.
im herzen vertraut, im herzen nah,
was das auge niemals sah.

jedes bild, was je von mir gezeichnet,
einsam auf einem felsen weilend,
ist ein blick durch des betrachters schleier.
auch wenn es kein anderes aug vernahm,
ich stand dort mit dir...herz in herz, hand in hand.

durch alle zeiten hindurch verbunden,
nur in diesem augenblick,
des betrachters aug entschwunden.
seele,
hältst den hellsten sterne eng umschlungen,
quell trinkt von quell,
im heut, im jetzt, hab ich dich gefunden.
unser ganzes sein...
allen gipfeln gleich.

19. liebende feuersglut

und Du sangst, als noch niemand sang,
aus stille wurde wellengang,
schützend hobst Du Deine hand,
über ungeborenes land.
jeder wellenschlag ist vergoren,
welcher drang zu weit über göttlichen rand,
versank als schaum im sonnennahen sand.

auf der feuchten seite meines auges,
schreibt sich licht in pastell,
auf der dunklen seite meines herzens,
schreibst Du Dich freudenhell.
Du wachst, als noch niemand wachte,
als alle noch im traume wandelten,
Du warst, als noch niemand war,
liebtest Dich in die welt
sie wurde wie Du,
liebende feuersglut.

und Du liebtest, als noch niemand liebte,
aus Deinem kusse, formtest Du einen mund,
möge er Dich liebend empfangen
und mit Dir Dein wort.
auch Du wolltest gefunden werden an einem
geheimnisvollen ort,
das herz, wurde tor,
weder reichtum, noch stand, sie sind nicht schlüssel,
sie sind pfand.
nur gebündelte liebe dringt durch die herzenspforte,
ein nie versiegender quell strömt hervor.

lebens-trunken wer davon kostet,
geheimnis-voll dessen altes leben stirbt,
die tür aller türen steht weit offen...
erfüllt sei alles hoffen...
und wir wurden wieder Du,
im rausche liebender feuersglut.

20. widmung zwei

regen schreibt sinfonien,
jeder tropfenschlag eine melodie,
wir klangen zeitlos,
herz an herz geschrieben
und doch ein leeres blatt papier.
wolken wandern,
ziehen hinter sich schatten,
doch jenen den ich unter meinen füßen trage,
hüllt sich in ein tiefschwarzes kleid,
die schatten des himmels wiegen leicht.

regen wirft seine steine,
in selbstgeschriebene spiegel,
alles zerbricht,
stein und spiegel ertragen nicht ihr angesicht,
die stille führt ihre heilende hand,
über das was an sich zerbrach.
regen schreibt sinfonien,
das erste licht applaudiert,
widmung: erste sinfonie, für dich, geliebtes licht.

21. sonnenlöslich

sternenkette aufgeschnitten,
über den schwarzen tisch geschüttet,
manche fielen zu boden,
andere wurden der weisen boten,
eine schwarze arche,
sammelte sie alle.
im traume stand ich vor ihren ställen,
fütterte sie mit träumen die niemals welken,
ihr fell, so weich, so lichterweich,
schwarze taube flieg, und bring uns ein ufer,
die ewigkeit zog uns über ihren rücken,
hin zu ihrem herzen,
das tau flammte in ihren händen,
und malte den dunklen himmel neu,
die taube schlug mit ihren flügeln,
und starb vor freude in einem weissen kleid,
wir legten sie in das dunkle strömen,
und folgten ihrem weg.
ein ruck wars,
als sich unsere augen öffneten
und vor uns das ufer lag,
ich eilte in die ställe,
doch wo vorher sterne waren,
herrschte nun, wärmende leere,
ich wollte sie im lichte wieder aneinander fügen,
doch ihr mantel ist sonnenlöslich,
wie meine seele.

22. auf der brücke

erstarrt, was keine liebe fand,
mauer lehnt an mauer,
wir nannten es zuhause,
löcher füllen sich mit licht,
fenster, türen, zuversicht,
die brücke trägt ein glitzern auf ihrer haut,
wer sie wärmt, hat zu lange auf ihren grund geschaut,
alles glitzern hängt an meinem mantel,
die zeit reibt es zu einem dunklen fleck,
den man mit einem lächeln wegerklärt,
licht tanzt im licht,
kalter staub,
der verlegen zu boden blickt,
heute morgen sah ich dich vor mir gehen,
dein schatten war mir näher,
als dein atemspiel,
kleine wolken reihten sich in große,
und deuteten auf leben,
bevor sie in sich zusammenfielen
dein schatten blieb,
er zog mich mit,
zu jener brücke wo wir einst beinander standen,
den schwänen namen gaben,
die wir noch im selben moment vergaßen,
schnee dirigiert die stille,
ich lausche gerne dieser sonderbar dumpfen melodie,
unter mir ein eisiger spiegel,
auf dem jetzt kinder spielen,
die schwäne an land gedrängt,
fauchend, aber einem stück brot nicht abgeneigt,
eine alte frau neben mir,
sie wirft trocknes brot zu den schwänen,
trifft aber nur das spiel der kinder,
„meine arme werden kürzer,
die winter immer länger..."
wir blicken auf unsere mäntel,
ein dunkler fleck,....wir beide lächeln.

23. kein dichter ist der worte herr,

wenn sich wolken zu träume formen,
sie ein bild umschließen,
welches noch nicht benannt,
sich lava aus lichtvulkanen,
nie erkaltend,
formt in fruchtbares land,
spiegel von Dir erzählen,
in strömend warmen glanz,
doch kein lichtstrahl ersetzt Deine wärmend hand,
die alle poesie an den anfang führt.
so ists Dein name,
der in allem schwingt,
was noch unbenannt,
die lieb' mag es rahmen und durchfluten,
doch so vieles ist noch ungesagt,
weil es dem worte fern.
so ist Dein name auch mein stern,
der das dunkle weit,
wie ein aug' erhellt.
wie leicht er thront, wie zart,
und doch wird jeder liebende,
der zu lange auf ihn starrt, wie ein narr,
der einzige halt...ein wirbelnder tanz.
ein dichter bin ich,
wohl kein guter,
zu sagen was ich empfinde,
ist aller worte fern,
kein dichter ist dieser worte herr.

24. flammengewand (mariä empfängnis)

auf meinem herzen geschrieben ein gedicht,
nur ein engel vermag es zu lesen,
„fürchte dich nicht“,
wie still mir war,
als du zu mir sprachst,
und sich deine worte eine wohnung nahmen,
ein spalt stand offen,
die tür nie ganz geschlossen,
dein licht gab mir zuversicht.
eine höhle wurde ich,
ein leerer stall,
monate später betraten wir ihn ein zweites mal,
deine worte brennen wie flammen,
sie umschließen deinen körper, werden fleisch, werden
haare,
flammen wirst du sprechen,
flammen werden durch das dunkel brechen,
und die herzen rahmen,
die es sahen,
die größte flamm erwuchs,
als ich unter dir stand,
und das holz dich trug,
kein holz kann diese flamm ertragen,
und keine mutter dessen asche.
„fürchte dich nicht“,
steht darin geschrieben,
wie still ich war,
als du in meinen armen lagst
und ich deiner tränen wege, nachempfand,
und du kehrtest zurück in eine höhle, ein drittes mal,
ein spalt stand offen,
die tür nie ganz verschlossen,
und dennoch, vermisse ich deiner flammen gewand.

25. in der ferne, ein stern

in der ferne, ein stern,
wir sahen ihn bei nacht,
sie nannten uns könige,
sie nannten uns weise,
sie sahen nur unsere äußere pracht.
wir kamen von jenem orte,
wo die stille wie ein lied erklang,
dort sang man uns von einem kinde,
dessen blick durch geschlossene augen drang,
dessen tränen golden,
weil seine trauer nicht mit seinen wunden rang.
niemand kannte unsere namen,
doch wir waren von hohem adel,
unsere kleider rochen nach unseren palästen,
ein bote wars: blickt zu sternen!
niemals sahen wir einen solchen glanz,
erdennah!
ein stern mit gesenktem haupte,
wenn das all sich zu uns neigt,
bedarf es zeugen,
und wir ritten noch am selben morgen,
gen seinen fingerzeig.
wir ließen ab von rang und zunft und sorgen,
unser palast blieb zurück, unbewacht,
aber in der wüste wohl verborgen,
wir traten mit dem stern ans licht,
um zu sehen, weshalb er mit unseren herzen spricht.
soldaten durchsuchten unsere taschen,
diebe lauerten hinter so manchem schatten,
sie nahmen was sie brauchten,
sie ließen was sie nicht kannten,
je näher wir dem sterne kamen,
desto leichter wurde unser gepäck,
staub und schweiss zierten unsere gewänder,
als trugen sie dieselbe naht,

keine quelle, kein bach der unsere glieder kühlte,
der tag forderte geduld, die nacht den mantel,
bald waren wir vom volke,
unerkannt!
an jenem besonderen tage,
stand der stern aufrecht wie eine flamme,
wer es sah, wird es nie vergessen,
menschen verbargen ihr gesicht,
andere rannten zu jenem gleißenden licht,
welches nicht weit von unserem lager,
über unseren köpfen brannte.
diese hitze, die das licht mit sich brachte,
sog an unserem atem,
als hielte man unsere köpfe unter wasser,
alles was nach innen drang,
blieb fremd und unbenannt.
nur ein paar schäfer fanden jene kraft,
um bis zur lichterquelle vorzudringen,
wir folgten ihren schatten, wie diebe,
bis die schatten fielen,
sie flohen vor dem kinde.
diese stille,
obwohl die vögel singen,
wir standen in dem sterne,
ein weit geöffneter schoß,
der all seiner schöpfung einlass bot,
seine augen blickten durch unsere hände,
als seien sie schon durchbrochene wände,
wir reichten seiner mutter was uns noch blieb,
unsere worte waren ihr fremd,
sie lächelte, schüchtern, verlegen,
fand in uns verbündete in jenem moment,
der geheimnis blieb, obwohl er offen vor uns lag.
die nacht war ungewöhnlich warm,
so schrieben wir es in unsere bücher,
keine worte können beschreiben,
was wir mit geschlossenen augen sahen.
in der ferne, ein stern, wir folgten ihm, in jener nacht.

26. lächeln an wange

das fenster zwischen dir und mir,
so fein, dass meine sehnsucht es durchdringt,
doch ich bleibe zurück,
lehne an deinem rücken,
kann dich spüren,
dein herzschlag durchdringt den meinen,
doch wir sehen uns nicht,
weil der blick in den spiegel,
nur dem eigenem bilde gilt.
rücken an rücken gebunden,
ewig gesucht, doch nicht gefunden,
deine sehnsuchtsschritte, meine sehnsuchtswege,
jeder schritt, schnürt unsere fesseln enger,
bleibe, für einen moment, bleibe,
siehe, wie die fesseln von uns gleiten,
für einen moment, ferne,
doch dann sehe ich dein gesicht,
wie schön du bist.
du bist, und alle sehnsucht, wird ein sanftes:
„es war einmal",
denn du bist da, denn du bist da!
so wie wir es immer waren,
nicht mehr rücken an rücken,
sondern lächeln an wange.

27. herz und blume

dein lächeln nicht verzweigt,
zu allererster schönheit bereit,
wo das staunen noch gebiert,
sehnsuchtschleifen das geschenk des tages zieren,
deine wärme strömt durch längst vergessene ufer,
schiffe heben sich aus schwerem schlaf,
die segel die einst zerrissen,
füllen sich mit deinem atem,
fügen naht an naht,
wolken wie katzenrücken,
ich streichle über ihre zarten enden,
sanfte blüten, breiten ihre fächer
und lassen mich auf deine mitte blicken,
ein moment so fragil, als könne er im wimpernschlag
zerbrechen,
doch alle welt fügt sich ein,
nie war ihr platz bestimmter,
nie war alles sein,
mehr vom dem moment enthoben,
der ihn schuf,
herz wurd blume,
welt tritt ein,
spanne meine segel,
ich bin bereit.

28. tavernenlieder

1. abendserenade

wenn alle kerzen erlöschen
und der letzte tanz verklingt,
der letzte wein getrunken,
zwölf schlänge in die ferne rinnen,
so bist du es, die bleibt,
und mich auf dem wege durch die nacht begleitet,
und mit mir in die träume sinkt,
mich in dein haar hüllend,
als wäre es unser beider kleid,
und küsse nie ihr ziel finden,
weil sie nur über unsere felder gleiten,
der innigste, ist unseren herzen bestimmt,
nächsten freitag komme ich wieder,
so nehme ich zum abschied noch einen großen schluck,
aug und herz sind gefüllt, nicht aber die sehnsucht,
die weit bis über einen freitag reicht.

2. serviettenlied

der fremde schreibt auf die rückseite seiner serviette:

aus meinem augenwinkel ein leuchten,
während sich tanz, gesang und rauch zu einem
trank vermengen,
welcher der liebe diente,
oder liebe von der liebe schied.
dein blick streift an mir vorüber, als wärs ein dunkler vogel,
der meine aufmerksamkeit auf sich zieht,
ein lächeln ist die antwort,
ein flüstern liegt bereit,
um all die worte in diesem lauten raume zu verteilen,
die nicht nur freitags in mir weilen,
um den tanz vom lied zu lösen,
den gesang von der musik,
den rauch von dem verbrannten,
dass nur mehr bleiben,
du und ich,
in der stille eines freitags,
der benommen von unseren gedanken,
bühne wird, für ausgeschüttetes feuer,
nehmt euch in acht, ihr, die ihr euch naht,
um mehr zu sehen,
als den unbezähmbaren klang der liebe.

3. wiegenlied

auf den tischen der wein vergangener tage,
gesickert in durstiges holz,
darübergelegt ein sträußlein blumen,
bedeckt mit einem tuch,
sie, die ich erwählte,
singt mit jenen die der tag verstimmte,
eine melodie umarmt, was keine hand,
kein schlagend herz umarmen darf,
und ich sitze hier auf meinem angestammten platz,
über mir ein bild von einem walde,
der mond malt seine wipfel zu flammen,
meine gedanken noch heiser von den v
ergangenen stunden,
kaufte ich doch bei ihr die blumen,
sie hatte mich nicht erkannt.
und in einem moment, wo alle gedanken bei ihr waren,
steht sie vor mir und reicht mir von dem weine,
der in mich sickert, wie in durstig holz,
und bevor ich das tuch von den blumen hebe,
legt sie ihre hand auf die meine...
„sie sind wunderschön...“
und noch ehe das erste glas getrunken,
bin ich trunken von dem momente,
alles ersehnte, alle welt ruht auf meinen händen.

4. abschiedslied

an den fenstern der taverne,
sammelt sich unsere wärme,
ich bin versucht sie zu öffnen,
ein wenig der kalten nacht von unserer wärme zu überlassen,
die letzten gäste sind gegangen,
der wirt reibt noch die gläser zu alten glanz,
du sitzt mir gegenüber,
der wein reicht gerade noch für zwei,
keine worte,
alles gesagte wäre wie ein mord,
und wir schweigen uns am leben,
doch gesagt,
gesagt ist mehr als jedes wort,
zu sagen vermag.
der wirt stellt die stühle auf die nebentische,
kreist uns ein,
krönt seinen feierabend,
wir krönen diesen moment,
mit einem letzten lächeln,
getränkt mit wein, tanz und rausch,
und ich begleite dich hinaus,
ein flüchtig kuss auf meine wange,
bevor dein mantel in der ferne weht,
und hinter mir das licht der taverne erlischt.
betäubt von deiner wärme,
ist auch die kalte wintersnacht mir,
wie ein gedicht.

5. willkommenslied

vor der taverne sitzend,
die augen auf den mond gerichtet,
laute lieder, überbordend,
was am tage zucht und anstand fordert,
hat nun im wein und der musik,
freies spiel.
ich höre dich singen,
ein lieblich' klang zwischen all den wilden stimmen,
durch der fenster schleier,
sehe ich dich wie in einem schattenspiel,
wie ein gespenst von kerze zu kerze ziehen,
mir ist heute so nach stille,
und doch ist mir heute so nach dir,
ich sitze unter dem monde,
und sitze vor deiner tür,
mein tisch ist leer,
keine kerze, kein tischtuch,
nur der schatten zier,
ob du mich missest?
gäste gehen aus und ein,
die einen torkelnd,
die anderen lachend,
manch einsamer, möchte wohl zurück zu dir,
und dem weine,
doch zuhause, warten kinder und ein sorgend weibe.
von unten zieht die kälte an meinen gliedern,
meine füße fühlen schon den winter,
und die mauer an der ich lehne,
streicht mit eisiger hand über meinen rücken.

da spüre ich eine wärmend hand,
an meiner wange,
wie wohl sie duftet,
und du lehnst dich an meine schulter,
der mond gehüllt in eine dezembernacht,
unser atem mischt sich, wie alchemie,
die tür öffnet sich,
der wirt ruft deinen namen,
nochmal streichst du mir die wange,
flüchtig, deine hand an meiner
und ich folge dir nach drinnen,
auf meinem platze,
brennt eine kerze,
dort wo du bist, ist stille.

6. frühlingstanz

ein roter ozean in meinem glas,
mein boot tanzt einen unruhigen tanz,
dein name bleibt unbezwungen,
auch durch die nacht,
welche träume in erinnerungen wandelt,
erinnerungen werden schwach.
noch ist er ahnung,
möchte ihn nicht erfragen,
dich nicht wie ein ding benennen,
ist es benannt, ist es dem vergessen preisgegeben,
er soll mir geheimnis bleiben,
soll sich tief in mein herz hineinschreiben,
so ists ein ruf der dort aus der tiefe dringt,
und keiner der mir über
die lippen rinnt,
wie ein schluck zu viel.

du fragtest mich nie nach meinem namen,
lange schon sind wir bei dem du,
wir strichen uns über unsere wangen,
hielten uns, weil wir jeden halt verloren,
doch unsere namen,
liegen tief verborgen,
tiefer als jeder kuss könnt graben,
und ich fürchte jenen tag,
an dem er nach oben drängt,
wie der atem eines fisches,
der ihn dem fischer über ihm verrät.
so lass uns geheimnis bleiben,
uns stumm in unsere herzen schreiben,
solange bis einer von uns diese welt verlässt,
und uns erst der grabstein,
unsere namen nennt.

29. schweigeminute

auf deinen lippen ist noch platz,
ich verbarg meine nächte auf den meinen,
meine tränen wurden salz,
was verborgen war, wurde still und vergaß zu weinen,
ich lege meine lippen auf die deinen.

an deinem herzen ist noch platz,
deine arme ausgebreitet wie zwei flügel,
ich lehne an deinem haar,
es duftet nach weite,
der wind erzählt ihm von seinen reisen,
ich lege mein herz an das deine.

in deinen händen ist noch platz,
die farben dieses tages sind noch feucht,
ich verlor an wärme,
deine hände sind wie nester,
werden jetzt und umschließen das weiter,
ich lege meine hand in die deine.

in deinen augen ist noch platz,
hinter meinen lauert schon der schlaf,
ein feuchter flaum ziert ihre tür,
dein lächeln streift mich, wenn ich ihre läden küss,
und sich unsere nasenspitzen berühren,
dein atem ist noch herzenswarm,
ich nehme ihn auf in den meinen,
und für einen moment lernt die zeit zu schweigen,
wenn sich unsere beiden seelen vereinen.

30. sonne in c-dur

gehüllt in einen kokon aus wärme,
diese welt hat noch dünne wände,
die sonne scheint in c-dur,
gedanken flüstern noch nicht laut genug.
sternenzugewandt,
ruht meine seele,
wir blicken durch dasselbe fenster,
das licht verirrt sich nicht,
so zeigt es sich an rechter stell,
flüchtig nur der gedanke,
der es hält.

wogen des lichts

wogen des licht,
welle über welle falten ihre hände über mich,
du kleidest mich in deinem schönsten kleid,
ziehst mich an, stößt mich ab,
doch meine hand liegt in deiner,
manchmal streng, manchmal zart,
immerzu ein tanz.